Sabiduría interior

Pensamientos para el corazón y el alma

Louise L. Hay

EDICIONES URANO
Argentina - Chile - Colombia - España
Estados Unidos - México - Perú - Uruguay

Título original: *Inner Wisdom*
Editor original: Hay House, Carlsbad, California
Traducción: Montserrat Torné

La autora de este libro no da consejos médicos ni recomienda, directa o indirectamente, el uso de un determinado tratamiento para un problema de salud sin la autorización de un facultativo. La autora sólo intenta ofrecer información general para ayudarle en su búsqueda de la salud y la buena forma física. Si usted decide utilizar personalmente algún aspecto de la información contenida en este libro, está en su derecho de hacerlo, pero ni la autora ni el editor pueden asumir responsabilidad alguna por sus actos.

Reservados todos los derechos. Queda rigurosamente prohibida, sin la autorización escrita de los titulares del *copyright*, bajo las sanciones establecidas en las leyes, la reproducción parcial o total de esta obra por cuaquier medio o procedimiento, incluidos la reprografía y el tratamiento informático, así como la distribución de ejmplares mediante alquiler o préstamo públicos.

Edición Septiembre 2010

© 2000 *by* Louise L. Hay
© de la traducción 2001 *by* Montserrat Torné
© 2001 *by* Ediciones Urano, S.A.U.
   Plaza de los Reyes Magos, 8, piso 1.º C y D – 28007 Madrid
   www.edicionesurano.com

ISBN: 978-84-7953-485-1
Depósito legal: B-253-2020

Fotocomposición: Ediciones Urano, S.A.U.

Impreso por Liberdúplex, S.L. – Ctra. BV 2249 Km 7,4
Polígono Industrial Torrentfondo – 08791 Sant Llorenç d'Hortons
(Barcelona)

Impreso en España – *Printed in Spain*

Sé que formo una unidad con toda vida. Una infinita sabiduría me rodea y me llena completamente. Por lo tanto, confío por entero en el Universo para que me apoye de maneras positivas. La vida me creó y me dio este planeta para que pudiera satisfacer todas mis necesidades. Todo lo que pueda llegar a necesitar ya está aquí esperándome. Independientemente de lo que elija creer, pensar o decir, el Universo siempre me dice que sí. No desperdicio mi tiempo con pensamientos o temas negativos. Elijo verme a mí y ver la vida de la manera más positiva. Así pues, digo que sí a las buenas oportunidades y la prosperidad. Digo que sí a todo lo bueno. Soy una persona positiva que vive en un mundo positivo y recibe la respuesta de un Universo positivo, y me alegro de que sea así.

Me centro en la verdad y la paz

Esté donde esté, me acompaña el único Espíritu, Dios, que es el bien infinito, la sabiduría infinita, la armonía infinita y el amor. No puede ser de otra manera. No hay dualidad. No hay ningún problema que no tenga solución. No hay preguntas sin respuesta. Ahora elijo ir más allá del problema y buscar, según la correcta acción Divina, la solución de cada discordia que me pueda parecer que surge en la atmósfera verdaderamente armoniosa de mi mundo. Me dispongo a aprender y crecer a partir de esta discordia y esta confusión aparentes. Me libero de toda culpa, y me vuelvo hacia mi interior para buscar la verdad. Afirmo para mí y para todas las personas que forman parte de mi vida: paz, seguridad, armonía, un profundo amor por nosotros mismos y la buena disposición para amar a los demás. Me centro en la verdad y vivo con alegría.

Me sano en todos los niveles

Esta es una época de compasión y sanación. Me dirijo a mi interior y conecto con esa parte de mí que sabe cómo sanar. Es posible. Sé que estoy en un proceso de curación. Durante este periodo, descubro mis capacidades curativas, que son fuertes y poderosas. Soy increíblemente capaz. Me dispongo a pasar a un nuevo nivel para sanarme de verdad en todos los niveles posibles. Soy espíritu, y por lo tanto, tengo la libertad de ayudarme y ayudar al mundo.

Acepto todo lo que forma parte de mí

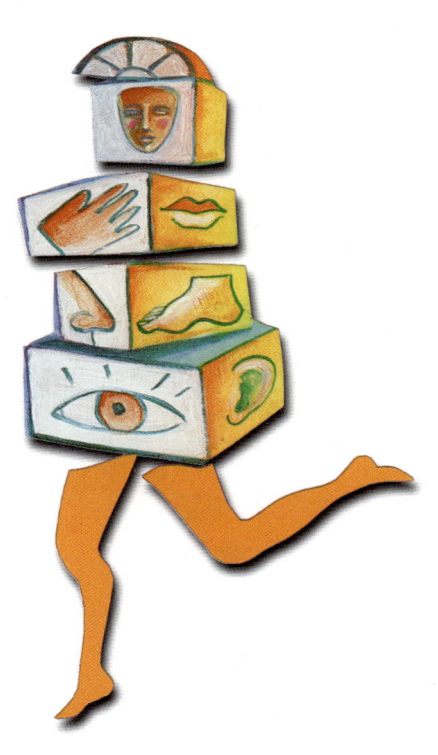

Lo más importante para sanar y convertirme en una persona completa es que acepte todo lo que forma parte de mí. Acepto los momentos en que he hecho bien las cosas y los momentos en que no las he hecho tan bien, los momentos en que he tenido miedo y los momentos en que he amado, los momentos en que he actuado de un modo necio e insensato y los momentos en que me he comportado de una manera inteligente e ingeniosa, los momentos en que he hecho el ridículo y los momentos en que he triunfado. Todo eso forma parte de mí. Muchos de mis problemas provienen de rechazar partes mías, de no amarme total e incondicionalmente. No miro hacia atrás en mi vida con vergüenza. Veo el pasado como una parte de la riqueza y la plenitud de la vida. Sin esa riqueza y esa plenitud, no estaría hoy aquí. Cuando me acepto por completo, me convierto en una persona sana y entera.

Dejo que todo mi ser vibre con la luz

Miro profundamente en mi interior, en el centro de mi corazón, y encuentro un minúsculo puntito de luz de un color muy brillante y hermoso. Es exactamente el centro de mi amor y mi energía curativa. Veo cómo ese puntito de luz empieza a latir y crece hasta llenarme el corazón. Dejo que se vaya moviendo por todo mi cuerpo desde la coronilla hasta las puntas de los dedos de los pies. Resplandezco totalmente con esta hermosa luz de color, que es mi amor y mi energía curativa. Me digo: «Con cada respiración, voy sanando y sanando». Siento cómo la luz limpia mi cuerpo de la enfermedad, del malestar. Dejo que esa luz salga de mí e ilumine mi especial lugar en el mundo.

Soy una persona positiva

Introducción

por Louise L. Hay

Dentro de cada uno de nosotros hay un centro de sabiduría mucho más grande y profundo de lo que creemos. Las meditaciones de este libro están pensadas para ayudarnos a conectar con ese centro y aumentar nuestra comprensión de la vida. Cuando estamos dispuestos a abrir nuestra conciencia a nuevas ideas y maneras de pensar, entonces nuestra vida mejora. En realidad, mi único objetivo es crecer continuamente en comprensión, comprender cada vez más la vida y cómo funciona. ¿Qué necesito saber, creer, decir y hacer para que mi vida fluya tan suavemente como sea posible?

Dentro de cada uno de nosotros está la capacidad de conectar con nuestra fuente, y ahí es donde reside la paz que todos buscamos: el conocimiento interior que nos da fuerza en los llamados «días negros». Cuando podemos ver el cuadro más amplio de la vida, también vemos cuán insignificantes son muchos de nuestros pequeños problemas. Entonces verdaderamente comprendemos el dicho: «No te preocupes por los asuntos sin importancia, y recuerda que *todo* son asuntos sin importancia».

Cada vez que decimos: «No sé», nos cerramos la puerta de nuestra propia fuente de sabiduría, que es infinita. En nuestro interior están todas las respuestas a todas las preguntas que podríamos hacernos. Conocemos el pasado, el presente y el futuro. Entre nosotros hay personas con dotes psíquicas, y si alguien puede hacer algo, todos podemos hacerlo. Tenemos el potencial para saber más, ver más, comprender más y percibir el cuadro más amplio de la vida.

La forma en que empezamos cada día marca la tónica de las experiencias que tendremos y cómo reaccionaremos a ellas. Una buena manera de utilizar este libro es abrirlo al azar cada mañana antes de hacer cualquier otra cosa. La meditación que elijas de este modo será el mensaje perfecto para ese día, ya lo verás. Yo también doy por terminada la jornada con pensamientos inspiradores. Así me aseguro sueños agradables y por la mañana despierto con la mente clara y serena.

Recuerda que en la vasta infinitud de la vida todo es perfecto, sano y completo... y que así eres tú.

Louise L. Hay

Me amo totalmente en el ahora

El amor es la mayor goma de borrar que existe. Borra incluso las impresiones más profundas, porque llega más hondo que nada. Si las impresiones de mi infancia son muy fuertes y siempre digo: «Todo es culpa mía», entonces no puedo cambiar. Me he estancado. Así pues, hago una buena cantidad de trabajo con el espejo. Miro mi reflejo y digo a cada parte de mi cuerpo y a mi alma que las amo. Lo hago cada mañana al despertar y cada noche justo antes de irme a la cama. Amo todo lo que constituye esta maravillosa alma que soy yo.

Soy un ser perfecto exactamente tal como soy

A veces, cuando mi vida discurre estupendamente bien, me preocupo y me pregunto si algo malo no estará a punto de suceder para estropearlo todo. Sé que esa preocupación refleja mi miedo y mi falta de confianza en mí, de modo que simplemente la acepto como el modo que ha empleado mi ser para comunicarme algo que lo perturbaba, le doy las gracias por decírmelo y dejo que la preocupación se vaya. Cuando me asusto, mi cuerpo segrega adrenalina para protegerme del peligro. Le digo al miedo: «Aprecio que quieras ayudarme». Luego, hago una afirmación sobre ese miedo en particular. Le doy las gracias y le expreso mi reconocimiento, pero no le concedo mucha importancia.

Tengo un potencial ilimitado

En la infinitud de la Vida, donde estoy, me causa una gran alegría saber que formo una unidad con el Poder que me ha creado. Este Poder ama a todas sus creaciones, incluyéndome a mí. Soy una criatura amada del Universo, y todo me ha sido dado. Pertenezco a la forma de vida más elevada de este planeta y dispongo de todo lo que necesito para cada experiencia que vaya a tener. Mi mente está siempre conectada a la Mente Única e Infinita; por lo tanto, puedo acceder a todo conocimiento y toda sabiduría. Me alegra mi falta de límites y sé que tengo ante mí la totalidad de las posibilidades en cada ámbito. Confío plenamente en ese Poder Único, y sé que todo está bien en mi mundo.

Cada mano que me toca es una mano sanadora

Soy un ser valioso y el Universo me ama. A medida que crece el amor que siento por mí, el Universo lo refleja, aumentándolo con mayor abundancia. Sé que el Poder Universal está en todas partes: en cada persona, lugar y cosa. Este poder amoroso y sanador fluye a través de los profesionales de la medicina y está en cada mano que toca mi cuerpo. En mi camino de curación, sólo atraigo a personas sumamente evolucionadas. Mi presencia las ayuda a sacar a la luz sus cualidades espirituales y sanadoras. Los médicos y las enfermeras se quedan atónitos ante su propia capacidad para formar un equipo de curación conmigo.

Doy el próximo paso para sanar

Cuando hago una afirmación como esta, sé que es un punto de partida. Abre el camino. Le digo a mi subconsciente: «Asumo mi responsabilidad. Soy consciente de que puedo hacer algo para cambiar». Si continúo haciendo la afirmación, llegará un momento en que estaré preparada para que eso, sea lo que sea, suceda, y la afirmación se convertirá en realidad, o bien se abrirá un nuevo camino para mí. Puedo tener una idea luminosa, genial, o un amigo puede llamarme y decirme: «¿Nunca has tratado de hacer tal cosa?». Se me conducirá al próximo paso que me ayudará a sanar.

Mi hogar es un tranquilo refugio

Mi hogar es un reflejo de mí, de modo que decido hacer una buena limpieza de mi casa. Limpio los armarios y la nevera. La ropa que no he usado desde hace tiempo, la vendo, la regalo o la quemo. Me deshago de lo viejo con el fin de hacer lugar para lo nuevo. Y mientras lo hago, afirmo: «Estoy limpiando los armarios de mi mente». Hago lo mismo con la nevera. La limpio de los alimentos y las sobras que llevan un tiempo en su interior. Sé que las personas que tienen los armarios y la nevera abarrotados y desordenados tienen también la mente confusa. Así pues, hago que mi hogar sea un maravilloso lugar donde vivir.

Mis ingresos aumentan constantemente

Sé que la manera más rápida de que mis ingresos aumenten es hacer el trabajo mental primero. Para ayudarme a ser una persona más próspera, puedo elegir entre atraer o rechazar el dinero y otras formas de prosperidad. Las quejas nunca funcionan. Tengo una cuenta en el banco mental cósmico, y puedo depositar en ella afirmaciones positivas y creer que me lo merezco, o que no me lo merezco. Afirmo: «Mis ingresos aumentan constantemente. Disfruto de abundancia en todos los aspectos de mi vida». Descubro que atraigo la prosperidad con facilidad.

No soy ni demasiado ni demasiado poco. No tengo que demostrarle a nada ni a nadie quién soy. He tenido muchas identidades, y cada una de ellas era la perfecta expresión para esa vida en particular. Me llena de satisfacción la persona que soy esta vez. No deseo ser como nadie más, porque esa no es la expresión que he elegido en esta vida. La próxima vez seré diferente. Soy un ser perfecto tal como soy ahora mismo. Soy suficiente. Formo una unidad con toda vida. No tengo necesidad de luchar por mejorar. Lo único que necesito hacer es amarme hoy más que ayer, y tratarme como alguien que es profundamente amado. Con alegría, reconozco mi perfección y la de la vida.

Me dispongo a aprender algo nuevo cada día

Cuando recuerdo mis días de escuela, pienso: «Podría haber sido maravilloso si, en lugar de tener que memorizar todas esas fechas de batallas, a mis compañeros y a mí nos hubieran enseñado cómo pensar, cómo amarnos a nosotros mismos, cómo tener buenas relaciones, cómo ser buenos padres, cómo manejar el dinero y cómo estar sanos». No puedo cambiar el pasado, pero puedo elegir aprender todas esas cosas y más... ahora. Enriquezco mi vida al aprender algo nuevo cada día, y después enseñando a los demás lo que sé.

Dejo marchar la necesidad de tener estas circunstancias en mi vida

Creo hábitos y pautas porque de alguna manera me sirven. A veces castigo a otra persona; a veces la trato con amor. Por ejemplo, es asombroso cuántas enfermedades me he creado por querer castigar o amar a mi padre o a mi madre. «Sufriré de diabetes como mi padre, porque le quiero.» Esto no siempre tiene lugar en un nivel consciente, pero cuando empiezo a mirar en mi interior, encuentro la pauta. A menudo creo negatividad porque no sé cómo manejar algún aspecto de mi vida. Entonces necesito preguntarme: «¿Qué me hace sentir triste? ¿Qué es lo que me encoleriza? ¿Qué trato de evitar? ¿Cómo me salvará todo esto?». Si uno no está preparado para dejar marchar algo, no importa lo que haga: simplemente no funcionará. Pero cuando uno sí está preparado, resulta asombroso cómo la más pequeña cosa puede ayudarle a dejarlo marchar.

Me creo nuevas y maravillosas convicciones

He aquí algunas de las convicciones que me creé durante una época y que realmente me funcionaron:

Siempre estoy a salvo.

Todo lo que necesito saber se me revela.

Todo lo que necesito me llega en el lugar y el momento perfectos.

La vida es un gozo y está llena de amor.

Siempre soy un ser sano y completo.

Prospero dondequiera que vaya.

Me dispongo a cambiar y crecer.

Todo está bien en mi mundo.

Valgo lo suficiente

Si hay una creencia en mi interior que me dice: «No lo puedo tener» o «No valgo lo suficiente», pienso: «Me dispongo a dejar marchar esta creencia. No tengo que creer esto nunca más». No tengo que esforzarme. Esto no es un trabajo duro. Sólo se trata de cambiar un pensamiento. Nací para disfrutar de la vida. Afirmo que ahora me dispongo a abrirme a la abundancia y la prosperidad que están a mi disposición en todas partes. Las reclamo mentalmente para mí aquí mismo y ahora mismo: «Me merezco ser una persona próspera. Me merezco mi bien». Lo que acabo de afirmar ya se ha cumplido en mi conciencia y ahora se manifestará en mi experiencia. Y así es.

Mi amor es ilimitado

Hay tanto amor en este mundo, y hay tanto amor en mi corazón, pero a veces lo olvido. A veces pienso que no hay suficiente, o que hay sólo un poco, de modo que guardo el que tengo y me da miedo dejarlo salir. Temo perderlo. Pero entonces comprendo que cuanto más amor permito que fluya hacia fuera desde mi interior, más amor hay dentro de mí y más amor recibo. Es interminable y eterno. El amor es realmente la fuerza sanadora más poderosa que existe. Sin amor, no podría sobrevivir. El amor sana, de modo que lo doy y lo acepto sin limitación alguna.

Mi empresa es próspera

Recibo la guía Divina, y por lo tanto mi empresa prospera, se expande y crece. Ahora elijo liberarme de todos los pensamientos negativos y limitadores sobre la situación económica en general. Abro mi conciencia a la posibilidad de dar un salto cuántico de prosperidad pensando que grandes cantidades de dinero entran a raudales en mi cuenta corriente, y aceptándolo. Tengo dinero suficiente para gastarlo, ahorrarlo y compartirlo. La ley de la prosperidad mantiene circulando un abundante caudal de dinero, que paga mis facturas y me proporciona todo lo que necesito y más. Ahora elijo ser un ejemplo viviente de la conciencia de la prosperidad. Vivo y trabajo con comodidad, facilidad y belleza. Tengo paz interior y seguridad. Veo con alegría y gratitud cómo mi empresa crece y prospera constantemente, mucho más allá de mis expectativas. Bendigo mi empresa con amor.

Ayudo a crear un mundo donde nos resulte seguro a todos amarnos los unos a los otros

Uno de mis sueños es ayudar a crear un mundo donde nos resulte seguro a todos amarnos los unos a los otros, donde se me ame y se me acepte exactamente tal como soy. Me doy cuenta de que cuando me amo, no puedo hacerme daño, ni tampoco hacérselo a los demás. Dejo marchar todos mis prejuicios, las creencias que me dicen que un grupo u otro de personas no vale lo suficiente. Cuando comprendo cuán increíblemente hermosos somos todos, tengo la respuesta para lograr la paz mundial: un mundo donde nos resulte seguro amarnos los unos a los otros. Ayudo a crearlo con todo el bien que hago cada día.

Me elevo por encima de mis limitaciones

Cada experiencia es un escalón en la vida, incluyendo los supuestos errores. Me amo por mis errores y mis desaciertos, porque son muy valiosos para mí: me han enseñado muchas cosas. Así es como se aprende. Me dispongo a dejar de castigarme por mis errores. En lugar de ello, me amo por mi buena disposición a aprender y crecer.

Todos los cambios que hago me resultan fáciles

Cuando empiezo a trabajar en mí, a veces las cosas empeoran antes de mejorar. Si eso sucede, está bien, porque sé que es el comienzo de un proceso. Se están desenmarañando los viejos hilos. Simplemente fluyo con ello. Dedico tiempo y esfuerzo a aprender lo que necesito aprender. No exijo un cambio instantáneo. La impaciencia es sólo la resistencia a aprender. Me permito ir paso a paso. A medida que vaya aprendiendo, será cada vez más fácil.

Me dispongo a ver mi magnificencia

Ahora elijo eliminar de mi mente y de mi vida todo pensamiento negativo y destructivo, toda idea llena de temor. No voy a escuchar más ni a participar en conversaciones perjudiciales. Hoy, nadie puede dañarme, porque me niego a creer que puedan hacerlo. Me niego a ser indulgente con las emociones dañinas, sin importar cuán justificadas parezcan. Me elevo por encima de cualquier cosa que intente hacer que me enfade o tenga miedo. Los pensamientos destructivos no tienen ningún poder sobre mí. Soy una persona más que adecuada para todo lo que necesito hacer. Veo sólo la magnificencia que hay en mí.

Este año hago el trabajo mental necesario para cambiar de modo positivo

Sé que hasta que no haga cambios internos y alguna clase de trabajo mental, «ahí fuera» nada va a cambiar. Lo único que necesito es un pensamiento, simplemente un pensamiento. Así pues, este año pienso en todas las cosas positivas que puedo hacer por mí. Tengo sólo pensamientos positivos. Cada día afirmo lo que quiero tan pronto como me despierto. Digo: «Fuera» a todo pensamiento negativo, no deseado. Siento un profundo agradecimiento por todo lo bueno que hay en mi vida. De esta manera, hago un trabajo mental que producirá un cambio positivo.

Es sólo un pensamiento, y los pensamientos se pueden cambiar

¿Cuántas veces me he negado a tener un pensamiento positivo sobre mí? Bien, pues también puedo negarme a tener pensamientos negativos sobre mí. La gente dice: «No puedo dejar de pensar eso». Pero yo sí que puedo. Tengo que construir en mi mente lo que voy a hacer. Para cambiar las cosas, no tengo que luchar con mis pensamientos. Cuando esa voz negativa aparezca, puedo decirle: «Gracias por compartir eso conmigo». Así no entrego mi poder al pensamiento negativo, y sin embargo tampoco lo rechazo. Digo: «De acuerdo, estás ahí y te doy las gracias por decírmelo, pero elijo hacer otra cosa. No quiero hacer eso nunca más. Quiero crearme otra forma de pensar». No lucho contra mis pensamientos. Les doy las gracias y voy más allá de ellos.

Estoy en conexión con toda vida

Soy espíritu, luz, energía, vibración, color y amor. Soy muchísimo más de lo que creo. Estoy en conexión con cada persona del planeta y con toda vida. Me veo rebosante de salud, un ser sano y completo, y viviendo en una sociedad donde me resulta seguro ser lo que soy y amar a los demás. Tengo esta visión para mí y para todo el mundo, porque esta es una época de sanación y totalidad. Formo parte de esa totalidad. Formo una unidad con toda vida.

Escucho los mensajes de mi cuerpo

En este mundo cambiante, elijo ser flexible en todos los aspectos. Me dispongo a cambiarme y cambiar mis creencias para mejorar la calidad de mi vida y mi mundo. Mi cuerpo me ama a pesar de cómo pueda tratarlo. Se comunica conmigo, y ahora escucho sus mensajes. Me abro para comprenderlos. Presto atención y hago los ajustes necesarios. Le doy a mi cuerpo lo que necesita en todos los niveles para devolverle una salud óptima. Invoco a mi fuerza interior, que está ahí para mí siempre que la necesito.

Creo
mi futuro
ahora

Tanto si mi infancia fue muy buena como si fue muy mala, ahora estoy totalmente a cargo de mi vida. Puedo pasarme el tiempo criticando a mis padres o el ambiente de mi niñez, pero lo único que conseguiré con eso es estancarme en el papel de víctima; nunca me proporcionará el bien que digo que quiero. Mis pensamientos actuales dan forma a mi futuro. Pueden crearme una vida de negatividad y dolor, o de una alegría ilimitada. Ahora elijo un brillante futuro.

Abro nuevas puertas a la vida

Ante mí hay un pasillo sin fin lleno de puertas, cada una de las cuales se abre a una nueva experiencia. A medida que voy avanzando, me veo abriendo diversas puertas que dan a maravillosas experiencias que me gustaría tener. Confío en que mi guía interior me conduzca y me oriente de maneras que sean las mejores para mí, y que mi crecimiento espiritual esté continuamente aumentando. Sin importar qué puertas se abran y cuáles se cierren, estoy siempre a salvo. Soy un ser eterno. Seguiré adelante para siempre de experiencia en experiencia. Me veo abriendo puertas a la alegría, la paz, la curación, la prosperidad, el amor, la comprensión, la compasión, el perdón, la libertad, la valía y la autoestima. Todo eso está aquí, ante mí.

Permito a los demás ser ellos mismos

No puedo obligar a los demás a cambiar. Puedo ofrecerles un ambiente mental positivo en el que tengan la posibilidad de cambiar si lo desean, pero no puedo hacerlo en su lugar. Cada persona está aquí para aprender sus propias lecciones, y si yo se las doy resueltas, entonces simplemente lo intentará de nuevo por su cuenta, porque si no, no habrá aprendido por sí misma lo que necesita. Lo único que puedo hacer es amar a los demás y permitirles ser como son, sabiendo que la verdad está siempre en su interior y que podrán cambiar en el momento en que quieran hacerlo.

Me comunico abiertamente con mis hijos

Mantengo abiertas las líneas de comunicación con mis hijos, especialmente durante su adolescencia. Sé que lo que a menudo sucede cuando los niños empiezan a hablar de sus cosas es que se les dice una y otra vez: «No digas eso. No hagas aquello. No te sientas así. No seas de esta manera. No te expreses de ese modo. ¡No, no y no!». El resultado es que los niños dejan de comunicarse. Evito esos problemas escuchando a mis hijos, abriéndome a sus pensamientos e ideas y llegando a acuerdos con ellos en las situaciones difíciles. Mis hijos y yo tenemos una relación maravillosa.

Estoy a salvo en mi mundo

Cuando siento inseguridad o temor, tiendo a engordar como una forma de protegerme. En esos momentos, reconozco que hay algo en mi vida que hace que no me sienta a salvo. Puedo luchar contra la grasa durante veinte años y continuar con exceso de peso, porque no me habré enfrentado con la causa subyacente. Si tengo sobrepeso, dejo ese problema aparte y trabajo primero con su causa, la pauta que dice: «Necesito protección. No me siento a salvo». Sin embargo, no me enfado cuando engordo, porque mis células responden a mis pautas mentales. Cuando mi necesidad de protección desaparezca, o cuando empiece a sentirme a salvo, la grasa se irá fundiendo por sí misma. Lo que elijo pensar hoy comienza a crear mi nueva figura de mañana.

Me merezco el amor

No tengo que ganarme el amor, del mismo modo que no tengo que ganarme el derecho a respirar. Tengo el derecho a respirar porque existo. Y por la misma razón me merezco el amor. Me merezco mi propio amor. No permito que mis padres, las opiniones negativas de la sociedad ni los prejuicios de la gente me hagan pensar que no valgo lo suficiente. La realidad de mi ser es que me merezco el amor. Lo acepto y lo sé. Y ahora descubro que los demás me tratan como a una persona digna de amor.

Me libero de todo sentimiento de culpabilidad

Hace muchos años, vivía bajo una pesada nube de culpa. Siempre me sentía mal. No estaba haciendo las cosas bien. Me pasaba la vida disculpándome. No me perdonaba a mí misma por lo que había hecho en el pasado. Manipulaba a los demás del mismo modo en que otras personas me habían manipulado a mí. Pero ahora sé que el sentimiento de culpabilidad no resuelve nada. Si hice algo en el pasado de lo que me arrepiento, ¡dejo de hacerlo! Si puedo, pido perdón a la persona a quien traté mal. Si no, simplemente no repito ese comportamiento. Soy consciente de que la culpa busca el castigo, y el castigo crea dolor. Así pues, me perdono y perdono a los demás. Salgo de mi prisión autoimpuesta.

Mantengo mi mundo interior en paz

Porque me centro en mi paz interior, mi mundo exterior es pacífico. Aunque los demás puedan vivir en la discordia y el caos, nada de eso me afecta, porque declaro la paz para mí. En el Universo hay un gran orden y sosiego, que yo reflejo en cada momento de mi vida. Las estrellas y los planetas no necesitan intranquilizarse ni tener miedo para mantener su órbita en los cielos, y los pensamientos confusos tampoco me ayudan a llevar una existencia pacífica. Elijo expresar calma y sosiego, porque estoy en paz.

Hablo y pienso positivamente

Si comprendiera el poder de mis palabras, tendría más cuidado con lo que digo, y haría constantemente afirmaciones positivas. El Universo siempre me dice que sí, diga yo lo que diga, sin importar lo que elija creer. Si elijo creer que no valgo gran cosa, que la vida nunca será buena y que jamás conseguiré nada de lo que quiero, el Universo me responderá y eso es exactamente lo que sucederá. En el momento en que empiece a cambiar, en que me disponga a traer el bien a mi vida, el Universo me responderá del mismo modo.

Miro en el interior del centro de mi ser y veo la parte de mí que es puro espíritu, pura luz y pura energía. Visualizo todas mis limitaciones desprendiéndose una a una, hasta sentirme a salvo, una persona sana y completa. Sé que, independientemente de lo difíciles que puedan ser las cosas, en el centro de mi ser estoy a salvo y siempre lo estaré. Una vida tras otra, soy un espíritu radiante, una hermosa luz. A veces vengo a este planeta y tapo mi luz, la escondo, pero siempre está ahí. A medida que me desprendo de mis limitaciones y reconozco la verdadera belleza de mi ser, resplandezco brillantemente. Soy energía. Soy el espíritu del amor que luce radiante. Dejo que mi luz brille.

Soy totalmente capaz en todo momento

Me elogio y me digo que soy una persona absolutamente maravillosa. No me centro en mis errores. Cuando hago algo nuevo, no me critico porque al principio no lo haga como un profesional. Practico, y así descubro lo que funciona y lo que no funciona. La próxima vez que haga algo nuevo o diferente, algo que esté aprendiendo a hacer, estaré de mi parte. No me critico por lo que he hecho mal, sino que me elogio por lo que he hecho bien. Me elogio y me fortalezco de modo que la próxima vez que lo haga me sienta realmente bien al respecto. Cada vez lo haré mejor, y pronto habré adquirido una nueva habilidad.

Constantemente recibo increíbles regalos

Aprendo a aceptar la prosperidad en lugar de convertirla en un intercambio. Si un amigo o una amiga me hace un regalo o me invita a comer, no tengo que corresponder a su atención inmediatamente. Dejo que esa persona me obsequie y lo acepto con alegría y placer. Puede que nunca corresponda a su atención, y que le dé algo a otra persona. Si alguien me hace un regalo que no puedo usar o no es de mi agrado, le digo: «Lo acepto con alegría, placer y gratitud», y luego se lo doy a otra persona.

Me encanta ser yo

Cuando me imagino qué agradable sería vivir sabiendo que nadie nunca me criticará, pienso que me sentiría totalmente en paz y a gusto. Me levantaría por la mañana y sabría que tendría un día maravilloso, porque todo el mundo me amaría, y nadie me juzgaría ni me despreciaría. Sencillamente, me sentiría muy bien. Bueno, pues, ahora comprendo que puedo hacerme ese regalo a mí misma. Puedo hacer que la experiencia de vivir conmigo sea la más fabulosa que pueda imaginar. Puedo despertar por la mañana amándome, elogiándome y diciéndome: «¡Me encanta ser yo!».

Todas mis relaciones están rodeadas por un círculo de amor

Rodeo a mis seres queridos con un círculo de amor, tanto si están vivos como si no: mis amigos, mi familia, mi pareja y otras personas a las que quiero, mis compañeros de trabajo y toda la gente que forma parte de mi pasado, sobre todo aquellos a quienes quisiera perdonar y no sé cómo. Afirmo que tengo unas relaciones armoniosas, maravillosas, con todo el mundo, presididas por el cariño y el respeto mutuos. Sé que puedo vivir con dignidad, paz y alegría. Dejo que ese círculo de amor rodee todo el planeta, y que mi corazón se abra de modo que pueda tener en mi interior un espacio lleno de amor incondicional. Me merezco el amor. Soy una persona hermosa y poderosa, y me abro para recibir todo lo bueno.

Soy libre y estoy en paz

Hoy soy una persona nueva. Me relajo y libero mis pensamientos de toda sensación de apremio. No hay persona, lugar ni cosa que pueda irritarme o molestarme. Estoy en paz. Soy un ser libre y vivo en un mundo que es un reflejo de mi amor y mi compresión. No estoy en contra de nada. En lugar de ello, estoy a favor de todo lo que mejore la calidad de mi vida. Utilizo mis pensamientos y palabras como herramientas para dar forma a mi futuro. Expreso mi gratitud y doy las gracias a menudo, y siempre busco cosas que pueda agradecer. Me relajo y vivo una vida pacífica.

Respiro amor, y fluyo con la vida

¿Me expando o me contraigo? Cuando expando mis pensamientos, mis creencias y todo lo que me pertenece, el amor fluye libremente. Cuando me contraigo, levanto muros y me aíslo. Si tengo miedo o siento que alguien o algo me amenaza o que las cosas no van bien, respiro profundamente. Eso me abre, me endereza la columna, me ensancha el pecho, proporciona a mi corazón lugar para expandirse. Al practicar la respiración, echo abajo las barreras y empiezo a abrirme. Es un punto de partida. En lugar de sucumbir al pánico total, hago unas cuantas respiraciones profundas y me pregunto: «¿Quiero contraerme o expandirme?».

Me libero de toda energía negativa

No importa durante cuánto tiempo haya tenido creencias negativas en el subconsciente; ahora afirmo que me libero de ellas. Afirmo que me dispongo a liberarme de las causas y las pautas de mi conciencia que han creado circunstancias negativas en mi vida. Afirmo que ahora me dispongo a liberarme de la necesidad de experimentar esas circunstancias. Sé que desaparecerán, se esfumarán, se disolverán en la nada de donde proceden. La vieja basura ya no me domina. ¡Soy libre!

Dejo marchar el pasado con facilidad, y confío en el proceso de la vida

Cierro la puerta de los recuerdos dolorosos, las viejas heridas y el rencor farisaico. Elijo un incidente del pasado que me dolió o me hirió, algo que me resulta difícil perdonar o incluso recordar, y me pregunto: «¿Hasta cuándo continuaré aferrándome a ello? ¿Hasta cuándo sufriré por algo que sucedió en el pasado?». Ahora veo un río ante mí y cojo esa vieja experiencia, ese dolor, esa herida, ese rencor, y los tiro a la corriente. Miro cómo empiezan a disolverse y cómo se van río abajo hasta desvanecerse y desaparecer del todo. Tengo la capacidad de liberarme.

Me merezco la alegría

Me merezco vivir en un ambiente de alegría y aceptación. Cada día hago afirmaciones en las que me digo que realmente me merezco lo bueno y que me dispongo a ir más allá de las limitaciones de mis padres y de mi infancia. Me miro en el espejo y me digo: «Me merezco todo lo bueno. Me merezco la prosperidad. Me merezco la alegría. Me merezco el amor». Abro los brazos bien abiertos y digo: «Soy una persona abierta y receptiva, una persona maravillosa, y lo acepto».

Programo mi mente con pensamientos positivos

Reprogramar mis creencias negativas es algo muy poderoso. Una buena manera de hacerlo es grabar una cinta con mi propia voz. Mi voz significa mucho para mí. Grabo una cinta con mis afirmaciones y la escucho. Contiene muchas cosas valiosas para mí. Si quiero algo que sea todavía más poderoso, le pido a mi madre que me grabe la cinta. Y mientras me duermo, escucho su voz que me dice que soy un ser maravilloso, que me quiere mucho y está muy orgullosa de mí, y que sabe que puedo ser cualquier cosa que me proponga en este mundo.

Lo que me motiva es el amor

Me libero de la amargura y el resentimiento que hay en mi interior. Afirmo que me dispongo a perdonar sincera y completamente a todo el mundo. Si pienso en alguien que me haya hecho daño de una manera u otra en cualquier momento de mi vida, ahora lo bendigo con amor y permito que se vaya. Sé que nadie puede quitarme nada que sea verdaderamente mío. Lo que me pertenece volverá a mí en el correcto orden Divino. Si algo no vuelve a mí, es que no me pertenecía. Lo acepto con calma y tranquilidad. Disolver el resentimiento es muy importante. Confío en mí. Estoy a salvo. Lo que me motiva es el amor.

Todo lo que necesito me llega en el momento y el lugar adecuados. Las estrellas y los planetas están en su órbita perfecta y en el correcto orden Divino, y yo también. Con mi limitada mente humana, no puedo comprender todo lo que pasa; sin embargo, sé que en un nivel cósmico, debo de estar en el lugar adecuado, en el momento apropiado, haciendo lo correcto. Elijo tener pensamientos positivos. Esta experiencia actual es un peldaño hacia una nueva conciencia y una mayor gloria.

Doy las gracias cada día

Siento un profundo agradecimiento por todas las cosas maravillosas que hay en mi mundo: los bellos narcisos, la deliciosa comida, los ordenadores y otras maravillas tecnológicas que hacen mi vida más fácil, mis buenos amigos, mi acogedor hogar, mi hermoso coche, mis cariñosos animales de compañía, mi inteligencia, mi cuerpo sano... ¡todo! A menudo expreso mi gratitud al Universo, sabiendo que mis pensamientos son escuchados y valorados. Tengo una constante actitud de agradecimiento.

Perdono a todo el mundo, incluyéndome a mí

Cuando me aferro al pasado con amargura y rabia y no me permito vivir el momento presente, desaprovecho el día de hoy. Si hace mucho tiempo que me aferro a la amargura y el rencor, eso quiere decir que me hace falta perdonarme, a mí, no a otra persona. Si me aferro a mis viejas heridas, me castigo aquí y ahora. No quiero permanecer más en una prisión de farisaico resentimiento. Decido que prefiero ser feliz que tener razón. Me perdono y dejo de castigarme.

Mi trabajo me alegra

Mi tarea es expresar la Vida, y difruto haciéndolo. Doy las gracias por cada oportunidad que se me presenta de demostrar el poder de la Inteligencia Divina, que obra a través de mí. Cada vez que me enfrento a un desafío, sé que es una oportunidad que me da la Vida, mi jefa, y sosiego mi mente, me vuelvo hacia dentro y espero que surjan las palabras sanadoras. Acepto esas benditas revelaciones con alegría y sé que me merezco la remuneración que recibo porque hago bien mi trabajo, un trabajo estimulante y muy bien pagado. Mis compañeros —toda la humanidad— son cordiales, amables, cariñosos, entusiastas y unos poderosos trabajadores en el campo de la evolución espiritual, y todos nos bendecimos con amor los unos a los otros.

Me deshago de los «debería» que hay en mi vida

Borro para siempre de mi vocabulario la palabra «debería», que me aprisiona. Cada vez que la pronuncio, digo que me equivoco, o que otra persona está equivocada. Lo que digo entonces realmente es: «No valgo lo suficiente». Desde este momento, reemplazo la palabra «debería» por la palabra «podría», que me da a entender que puedo escoger, que soy libre de hacer lo que quiera. Necesito comprender que todo lo que hago en la vida lo elijo. En realidad, no hay nada que tenga que hacer. Siempre puedo escoger.

Duermo tranquilamente

Las horas de sueño me sirven para recuperarme al finalizar el día. Mi cuerpo se repara, se renueva y se restablece. Mi mente va cediendo al sueño, donde se solucionan los problemas del día. Me preparo para el mañana que me espera. A medida que me voy durmiendo, tengo pensamientos positivos sobre mí, pensamientos que me creen un día y un futuro maravillosos. Así pues, si albergo en mi interior algún enojo o alguna recriminación, dejo que se vaya. Si siento celos o rabia, dejo que se vayan. Si un sentimiento de culpabilidad o la necesidad de castigo persiste en los rincones de mi mente, dejo que se vaya. Siento sólo paz en mi mente y mi cuerpo mientras me voy deslizando hacia el sueño.

Soy una persona sana y llena de energía

Sé y afirmo que mi cuerpo es un acogedor lugar donde vivir. Lo respeto y lo trato bien. Lo nutro con buenos alimentos y un ejercicio saludable. Afirmo cosas positivas sobre mi cuerpo y le digo a menudo que lo amo. Conecto con la energía del Universo y permito que fluya a través de mí. Tengo una maravillosa energía. ¡Soy un ser radiante, vital y vivo!

Para cada problema hay una solución

Para cada problema que creo, hay una solución. Los pensamientos de mi mente humana no me limitan, porque estoy en conexión con la Sabiduría y el Conocimiento Universales. Vengo del espacio de amor de mi corazón y sé que el amor abre todas las puertas. Hay un Poder siempre bien dispuesto que me ayuda a afrontar y superar los desafíos y las crisis de la vida. Sé que no hay ningún problema que no se haya solucionado en algún lugar del mundo. Por lo tanto, el mío también puede resolverse. Me envuelvo en un capullo de amor, y sé que todo está bien en mi mundo.

El espíritu infinito es eterno

El sol siempre brilla. Aunque las nubes lo tapen de vez en cuando, siempre brilla, nunca deja de brillar. Y aunque la Tierra gire y parezca que el sol se ponga, en realidad continúa brillando. Pasa lo mismo con el Poder Infinito, el Espíritu Infinito. Es eterno. Está siempre aquí, dándome su luz. Puedo oscurecer su presencia con las nubes de mis pensamientos negativos, pero ese Espíritu, ese Poder, esa energía sanadora, está siempre conmigo.

Viajo
interminablemente a través de la
eternidad

En la infinitud de la vida, donde estoy, todo es perfecto, sano y completo. El ciclo de la vida también es perfecto, sano y completo. Hay un tiempo para nacer, un tiempo para crecer, un tiempo para ser, un tiempo para marchitarse y un tiempo para morir. Todo esto forma parte de la perfección de la vida. Siento que es normal y natural, y aunque a veces me entristece, acepto el ciclo y sus ritmos. Cuando veo un fin repentino en la mitad del ciclo, eso me conmociona y siento que me amenaza: alguien ha muerto demasiado joven o algo se ha hecho pedazos. Sin embargo, sé que la vida es siempre cambiante. No hay comienzo ni final, sólo un constante reciclaje de la sustancia y la experiencia. La vida nunca se estanca, ni se inmoviliza ni se enrancia, porque cada momento es siempre nuevo y fresco. Cada final es un nuevo punto de partida.

Hago hincapié en los pensamientos positivos

Los pensamientos son como gotas de agua. Cuando pienso lo mismo una y otra vez, creo una increíble masa de agua. Primero, tengo un pequeño charco, que luego se convierte en un estanque, y si sigo teniendo los mismos pensamientos una y otra vez, tendré un lago y finalmente un océano. Si mis pensamientos son negativos, puedo ahogarme en el mar de mi propia negatividad. Si son positivos, flotaré en el océano de la vida.

Estoy aquí en el momento adecuado

Viajo interminablemente a través de la eternidad, y el tiempo que paso en este plano de la realidad sólo es un breve instante. Elegí venir a este planeta para aprender lecciones, trabajar en mi crecimiento espiritual y expandir mi capacidad de amar. No hay un momento adecuado ni un momento inadecuado para venir ni para irse. Siempre llego a mitad de la película y me voy a mitad de la película. Me voy cuando mi tarea ha finalizado. He venido para aprender a amarme más y compartir ese amor con las personas que me rodean. He venido para abrir mi corazón en un nivel mucho más profundo. Mi capacidad de amar es lo único que me llevaré cuando me vaya.

Me amo y me acepto exactamente tal como soy. Me apoyo y confío en mí dondequiera que esté. Me pongo la mano sobre el corazón y siento el amor que hay ahí. Sé que en mi corazón hay mucho espacio para aceptarme tal como soy aquí y ahora. Acepto mi cuerpo, mi peso, mi altura, mi aspecto, mi sexualidad y mis experiencias. Acepto todo lo que he creado para mí: mi pasado y mi presente. Dejo que mi futuro tenga lugar. Soy una Divina, magnífica expresión de la vida, y me merezco lo mejor. Lo acepto para mí ahora. Acepto los milagros. Acepto sanar. Acepto la totalidad. Y sobre todo, me acepto a mí. Soy una persona valiosa y me quiero tal como soy.

Me amo y me acepto ahora mismo

Me amo en este mismo momento; no espero a perder peso, encontrar otro trabajo, una pareja o lo que sea. Esta es mi realidad, y sé que el único momento en que puedo empezar a amarme tal como soy es este, ahora mismo. El amor incondicional es un amor sin expectativas ni condiciones. Esta es la manera en que elijo amarme. Se trata de aceptar lo que hay tal como es.

Formo una unidad con toda la gente del planeta

Yo no creo que haya dos poderes: el del bien y el del mal. Creo que hay un Espíritu Único e Infinito y que los seres humanos tenemos la oportunidad de emplear de todas las maneras posibles la inteligencia, la sabiduría y las herramientas que nos han sido dadas. Cuando hablo de «ellos», en realidad estoy hablando de mí, porque yo soy la gente, soy el gobierno y la iglesia, y soy el planeta. El lugar apropiado para hacer cambios es precisamente este donde estoy. Creo que es demasiado fácil decir: «Es el demonio» o «Son ellos». En realidad, ¡siempre soy yo!

Percibo a mi verdadero ser

Ciertamente, soy una persona bienaventurada. Dispongo de maravillosas oportunidades de ser yo, de expresarme tal como realmente soy. Soy la belleza y la alegría del Universo, que se dan y se reciben. Me rodeo de la rectitud y la justicia Divinas. Sé que tiene lugar la correcta acción Divina y que sea cual sea el resultado, será perfecto para mí y todas las personas afectadas. Formo una unidad con el mismo poder que me creó. Soy una persona maravillosa. Me alegra la verdad de mi ser. Lo acepto y dejo que sea así. Digo: «Así sea», y sé que todo está bien en mi maravilloso mundo aquí mismo y ahora mismo.

Confío en la Inteligencia que hay en mi interior

Hay una Única Inteligencia, que está en todas partes, es omnipresente. Esa Inteligencia está en mi interior y en todo lo que busco. Cuando me extravío o pierdo alguna cosa, no pienso que no encontraré el buen camino o lo que sea que haya perdido. Sé que nunca nada se pierde en la Mente Divina. Confío por completo en que la Inteligencia que hay en mi interior me guiará por el camino correcto.

Formo parte de la armoniosa totalidad

Soy una idea Divina por medio de la cual se expresa armoniosamente la Mente Única. Todo lo que hago se basa en una sola verdad: la de mi ser y la de la vida. La correcta acción Divina me guía en cada momento del día. Siempre digo la palabra justa en el momento apropiado, y actúo del modo adecuado. Todos formamos parte de la armoniosa totalidad. Hay una Divina fusión de energías mientras trabajamos juntos con alegría, apoyándonos y animándonos los unos a los otros de una manera satisfactoria y productiva. Soy una persona sana, feliz, cariñosa, alegre, respetuosa, cordial y trabajadora, y estoy en paz conmigo y con los demás.

No todo el mundo tiene una familia tan especial como la mía, ni dispone de las extraordinarias oportunidades que tenemos nosotros de abrirnos mutuamente el corazón. Lo que piensen los vecinos no me limita, ni tampoco los prejuicios de la sociedad. Yo voy mucho más allá. Mi familia proviene del amor, y acepto con orgullo a cada uno de sus miembros como un ser único. Soy especial y merezco que me amen. Amo y acepto a cada miembro de mi maravillosa familia, y ellos, a su vez, me aman y me adoran. Estoy a salvo. Todo está bien en mi mundo.

Me dispongo a cambiar y crecer

Para mí es natural tener éxito

A medida que aprendo a quererme, me vuelvo un ser poderoso. El amor que siento por mí me hace dejar de ser una víctima para convertirme en alguien que tiene éxito, y me atrae maravillosas experiencias. Las personas que se sienten bien con ellas mismas son naturalmente atractivas, porque la atmósfera que crean a su alrededor es realmente maravillosa. Siempre tienen éxito en la vida. Ahora me dispongo a aprender a amarme. Yo también puedo tener éxito.

Me expreso libremente tal como soy

Me veo siendo consciente de la unidad que formo con la presencia y el poder de Dios. Mi sabiduría y mi comprensión del Espíritu crecen, y expreso la belleza interior y la fuerza de mi verdadero ser. El orden Divino siempre está presente en mis experiencias, y hay tiempo de sobra para hacer todo lo que quiero hacer. Cuando estoy con otras personas, expreso sabiduría, comprensión y amor, y mis palabras están Divinamente guiadas. Me veo expresando la energía creativa del Espíritu en mi trabajo, en todo lo que escribo y lo que digo. Ideas divertidas e inspiradoras fluyen de mi conciencia, y yo las expreso, llevándolas a su plena manifestación.

Soy un ser único y especial

No soy mi padre ni mi madre. No soy ninguno de mis familiares. No soy los maestros que tuve en la escuela ni las limitaciones de mis primeras enseñanzas religiosas. Soy yo, un ser único y especial, con mi propio conjunto de talentos y capacidades. Nadie puede hacer las cosas exactamente tal como las hago yo. No hay competición ni comparación posibles. Me merezco mi propio amor y mi propia aceptación. Soy una persona magnífica. Soy libre. Lo reconozco como mi nueva verdad.

Amar sin condiciones – B4P

Ya es hora de que vivamos y practiquemos el amor incondicional. Mediante el amor sanaremos a este planeta del temor y la enfermedad; el amor capacitará al mundo para dar ese salto cuántico hacia un nuevo y magnífico futuro.

¡Vivir!

Pocas palabras son tan bienvenidas como aquellas que alguna vez nos concedieron la posibilidad de efectuar el pasaje de la oscuridad a la luz y la plenitud. Hemos llevado a cabo los cambios de mentalidad propios de personas que han comenzado su trayecto personal en la vida experimentando el afecto y el amor necesarios para seguir creciendo. Louise nos abre su corazón para hablarnos de su vida e invitarnos a reflexionar juntos sobre esta experiencia magnífica, aterradora, deliciosa, ridícula y sorprendente que nos ocurre entre el nacimiento y el final de nuestra vida, y que llamamos vivir.

En esta obra, la más personal que ha escrito hasta el momento, comparte con nosotros temas relacionados con la salud, el trabajo, las relaciones personales, la vida espiritual...

¡El mundo te está esperando!

En este libro sabio y alentador, Louise L. Hay ofrece ayuda a las mujeres para que retomen la dirección de sus vidas y den vía libre a la alegría y a la creatividad que aguardan en su interior. Paso a paso, con el gozo de las exploradoras que van descubriendo su camino, las mujeres pueden rechazar todo aquello que las empobrece como personas para lanzarse a la aventura de la vida. ¡El mundo te está esperando!

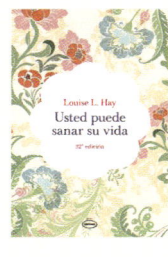

Usted puede sanar su vida – vintage

El gran clásico de Louis L. Hay, un bestséller que inició el movimiento de crecimiento personal en todo el mundo y que hoy día se sigue editando en más de treinta países. Usted puede sanar su vida no ha perdido vigencia con el paso de los años; al contrario, las más modernas teorías científicas corroboran sus planteamientos. Hoy, Ediciones Urano vuelve pone al alcance de los lectores la nueva edición de un clásico para leer y releer.

Pensamientos del corazón

Louise L. Hay comparte con nosotros su sabiduría y sus pensamientos sobre diversos aspectos de la vida. Su conocimiento y sus observaciones, tan penetrantes como afectuosas, aumentarán tu capacidad de tomar decisiones que enriquezcan tu vida y favorezcan auténticamente tu crecimiento espiritual.

Meditaciones para sanar tu vida

Louise L. Hay nos proporciona en sus *Meditaciones para sanar tu vida* una magnífica oportunidad para emprender y cultivar una nueva actitud que contribuya al encuentro de la felicidad que buscamos.

Me dispongo a aprender cosas nuevas porque no lo sé todo. Me dispongo a abandonar los viejos conceptos que ya no me resultan útiles. Me dispongo a ver las situaciones que creo en mi vida y a decir: «No quiero hacer eso nunca más». Sé que puedo ser más de lo que soy: no una persona mejor, porque eso implicaría que no valgo lo suficiente, sino el ser que soy en el fondo. Crecer y cambiar es emocionante, aunque para conseguirlo tenga que enfrentarme a algunas cosas dolorosas que hay en mi interior.

Hago caso de mi sabiduría interior

Mi sabiduría interior conoce todas las respuestas. A veces me asusto, cuando la respuesta que recibo es muy diferente de lo que mis amigos o mi familia quieren que haga. Sin embargo, por dentro sé que es lo correcto para mí, y si hago caso de mi sabiduría interior, estoy en paz con mi propio ser. Me apoyo tomando las decisiones adecuadas para mí. Cuando dudo, me pregunto: «¿Esto proviene del espacio de amor de mi corazón? ¿Es esta decisión una muestra de amor por mí? ¿Es la adecuada para mí en estos momentos?». La decisión que tome es posible que más adelante —un día, una semana o un mes más tarde— ya no sea la adecuada, y entonces la cambiaré. En cada momento me pregunto: «¿Es esto lo mejor para mí?». Y me respondo: «Me amo y tomo las decisiones correctas».

Este mundo es mi cielo en la tierra

En este nuevo milenio, veo una comunidad de almas de mentalidad espiritual que se reúnen para compartir, crecer e irradiar sus energías hacia el mundo. Cada una de estas personas es libre de dedicarse a su propio objetivo. Ayudo a crear un mundo donde cuidar de la evolución del alma sea la actividad más importante, y donde esa sea la tarea de todo el mundo. Dispongo de mucho tiempo y muchas oportunidades para expresarme creativamente en cualquier campo que elija. No tengo que preocuparme excesivamente por ganar dinero. Todo lo que necesito lo puedo expresar por medio de los poderes que hay en mi interior. La educación es el proceso de recordar lo que ya sé y llevarlo a la conciencia. No hay enfermedad, ni pobreza, ni crímenes ni engaños. El mundo del futuro empieza ahora, aquí mismo, con todos nosotros. Y así es.

Otras obras de Louise L. Hay

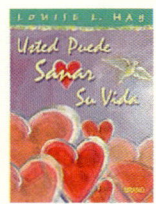

Usted puede sanar su vida

El mensaje de Louise ha ayudado a miles de personas en todo el mundo a descubrir y aprovechar plenamente su potencial creativo para el crecimiento personal y la autocuración. Ahora nos ofrece este hermosa edición de la más emblemática de sus obras.

El poder está dentro de ti

El poder está dentro de ti es la continuación de *Usted puede sanar su vida*. «En el tiempo que ha pasado desde que escribiera ese libro se me han revelado nuevas ideas, y deseo compartirlas con todas las personas que me han escrito solicitando mayor información».

Ámate a ti mismo: cambiarás tu vida

Un manual de trabajo para aplicar en nuestra vida cotidiana las enseñanzas de Louise L. Hay. La autora nos propone ejercicios para «limpiar» nuestra mente y nuestra vida de todo cuanto obstaculiza nuestro crecimiento personal.

Afirmaciones

Las afirmaciones positivas son una fuente inmensa de poder personal. Mediante ellas podemos cambiar y mejorar cualquier aspecto de nuestra vida. Los principios propuestos por Louise L. Hay, aplicables a temas como la salud, el perdón, la prosperidad, la creatividad, las relaciones, el éxito profesional y la autoestima, te permitirán disfrutar de la vida maravillosa que mereces.

Gratitud

Una actitud de agradecimiento tiene el poder de convertir las dificultades en oportunidades, los problemas en soluciones, las pérdidas en ganancias, y además expande nuestra visión y nos permite descubrir todo aquello que era invisible para nosotros debido a nuestra actitud limitadora.

El nuevo milenio

Este libro es el resultado de las conversaciones que he mantenido con distintos amigos sobre el tema del milenio. Juntos llegamos a la conclusión de que toda la negatividad y los disparates difundidos por los medios de comunicación y los pregoneros del miedo podrían representar una amenaza mayor para la sociedad que cualquiera de las catástrofes que han sido anunciadas.

Sobre la autora

Louise L. Hay *es conferenciante y profesora de temas metafísicos y autora de 27 bestsellers, entre los que se incluyen* **Sana tu cuerpo A-Z** *y* **El poder está dentro de ti.** *Sus obras se han traducido a 25 idiomas en 33 países de todo el mundo. Desde que empezó su andadura como ministra de la Ciencia de la Mente en 1981, Louise ha ayudado a miles de personas a descubrir y hacer uso de todo el potencial de su propio poder creativo en beneficio de su crecimiento personal y su autocuración. Es fundadora y propietaria de Hay House, Inc., editorial especializada en la difusión de libros, vídeos y audios de autoayuda que contribuyen a la sanación de nuestro planeta.*